Suppenhuhn

fast vergessen
neu entdeckt

Siegfried W. Rossal

Suppenhuhn

*fast vergessen
neu entdeckt*

Dank

Wir danken KAGfreiland und dem Verein Gallo Circle für ihre Unterstützung.

© 2012 Fona Verlag AG, CH-5600 Lenzburg
www.fona.ch

Lektorat	Léonie Schmid
Konzept und Gestaltung	FonaGrafik, Hiroe Mori
Texte Einführung	KAGfreiland, St. Gallen, Seiten 12–18
Bilder	KAGfreiland (Seiten 12, 13, 16)
	Markus Dlouhy (Seiten 10, 11, 20)
	Josef Kottmann (Seiten 14, 18, 19)
Foodbilder	Pierre-Michel Delessert, Essertes
Druck	Druckerei Uhl, Radolfzell

ISBN 978-3-03780-483-4

Inhalt

Mahlzeiten

Die Rezepte sind,
wo nicht anders vermerkt,
für 4 Personen berechnet.

Abkürzungen
EL gestrichener Esslöffel
TL gestrichener Teelöffel
dl Deziliter
ml Milliliter
Msp Messerspitze

Entdecken Sie das Suppenhuhn!

In meiner Kindheit war das Suppenhuhn das Monats-Highlight. Mit einem Bouquet garni, mit frischen Kräutern und mit Gewürzen kam es in einen großen Kochtopf, der mit so viel Wasser gefüllt wurde, dass das Huhn gut bedeckt war. Darin simmerte es für 2 bis 3 Stunden. Die Brühe, der Fond, bringt mich ins Schwärmen – gestern wie heute. Sie ist die Arbeit, den Preis für das Suppenhuhn schon wert. Die Brühe eignet sich für feine, aromareiche Suppen, für Risotti und als Basis zahlreicher Saucen und für vieles mehr.

Das Suppenhuhn ist heute kein betagtes Huhn mehr wie in meiner Kindheit, als es am Ende des Lebenszykluses, dann, wenn es keine Eier mehr legte, im Kochtopf endete. Unser Suppenhuhn, die sogenannte «Altlegehenne», wird nur 18 Monate alt. Wir haben es nicht mehr mit einem alten, zähen Huhn zu tun, sondern mit Fleisch von bester Qualität von einem gesunden Tier. Kaum ein anderes Fleisch ist so fettarm, gleichzeitig schmackhaft und hochwertig und erst noch preisgünstig.

Der Hühnersuppentopf ist ein Klassiker. Der Jahreszeit
entsprechend wird das Gemüse variiert, von Spargel
bis Schwarzwurzel. Das Suppenhuhn bekommt in diesem
Buch entsprechend seiner Vielseitigkeit eine wunder-
bare Plattform in der warmen und kalten Küche: Es wird für
Suppen, Salate, Backwaren, Terrine, Eintöpfe, Saucen-
fleisch, Hackbraten und vieles mehr verwendet. Auch für
die Leber und sogar für die Haut gibt es Rezepte.

Entdecken Sie das Suppenhuhn.

Siegfried W. Rossal

Vom Urhuhn zur Hochleistungshenne

Das Bankivahuhn gilt als
Vorfahre unseres Haushuhns.

Das Bankivahuhn (Gallus gallus) gilt als Stammform des
Haushuhns. Es lebt heute noch wild in weiten Gebieten
Südostasiens. Durch Domestikation des Burma-Bankivahuhns
ist höchstwahrscheinlich unser Haushuhn entstanden.
Die tagaktiven Tiere leben in kleinen Gruppen. Eine Gruppe
besteht in der Regel aus einem Hahn und drei bis zehn Hennen
plus Jungtiere. Das Bankivahuhn ernährt sich hauptsäch-
lich von Gräsern, Sämereien, Insekten, Larven und Würmern.
Im Durchschnitt legt eine Bankivahenne 20 Eier pro Jahr.

Durch jahrtausende lange Zucht entstanden Rassen mit einer
Legeleistung von bis zu 200 Eiern pro Jahr. Mit der Rasse
«Leghorn» erreichte die Zucht eine hohe Legeleistung und ihre
natürliche Grenze.

Die heutigen Hennen in Legebetrieben gehören nicht mehr
einer eigentlichen Rasse an, sondern sie sind sogenannte
Hybriden. Durch das Kreuzen verschiedener Rassen entstehen
neue Tiere, die sich äußerlich oder von der Leistung her
von den Eltern unterscheiden. Solche Legehybriden können
bei Intensivhaltung jährlich über 300 Eier legen. Da sie
aber ihre Leistungsmerkmale nicht an die Jungtiere vererben,
müssen die Eierproduzenten jedes Jahr wieder neue
Tiere kaufen.

Das Gegenteil des Zweinutzungshuhns

In der Hochleistungszucht wird einseitig auf eine gewünschte Eigenschaft gezüchtet. Bei den Legehennen wird darauf geachtet, dass die Tiere viele Eier legen, aber wenig Körpergewicht haben. Das Futter soll ja in Eier umgewandelt und nicht für den Körperaufbau «verschwendet» werden. Durch diese einseitige Zucht auf 300 Eier pro Jahr fehlt den Hennen die Reserve für ein langes Leben. Sie sind nach einer Legeperiode verbraucht und müssen ersetzt werden. Die mageren Tiere eignen sich nur bedingt für die Nutzung als Suppenhühner. Sie dienen mehrheitlich als Heizmaterial in der Zementfabrik oder landen in der Biogasanlage zur Stromproduktion.

Vergleich im Alter von 18 Tagen:
rechts das Mastküken und
links das Küken einer Legelinie.

Im Gegensatz zur Legehenne steht in der Pouletmast eine schnelle Gewichtszunahme im Vordergrund. Die Tiere erreichen bei intensiver Fütterung und Haltung innerhalb von 40 Tagen das Schlachtgewicht von 2 kg. Durch das schnelle Wachstum ist das Skelett der Tiere zu schwach, um das enorme Gewicht zu tragen. Beinschäden sind die Folge. Die Tiere können sich gegen Ende der Mast kaum mehr fortbewegen.

Früher war alles besser

Noch vor 50 Jahren waren die sogenannten Zweinutzungs-
rassen weit verbreitet. In den meisten landwirtschaftlichen
Betrieben wurden Legehennen zur Selbstversorgung oder als
Nebenerwerb gehalten. Eine kleine Herde versorgte die
Bauernfamilie mit Eiern und Fleisch. Dabei erfüllte der Hahn
wichtige Aufgaben. Einerseits warnte er die Hennen bei
Gefahr, lockte sie an Futterstellen und schlichtete Streitereien
unter ihnen. Andererseits sorgte er dafür, dass die Eier im
Frühling befruchtet waren. Die Hennen brüteten sie aus und
zogen die Jungtiere auf. Überzählige Hähne wurden als
Sonntagsbraten geschlachtet. Die Legehennen wurden so
lange behalten, bis sie keine oder nur noch wenige Eier legten.
Auch sie wurden geschlachtet und als Suppenhühner ver-
wertet.

Das Schweizerhuhn
ist das Zweinutzungshuhn
unserer Großeltern.

Tiere sind keine Wegwerfware

Aber was wird aus den Brüdern der Hochleistungs-Lege-
hybriden? Sie legen keine Eier – sie wachsen nur langsam – sie
setzen kaum Fleisch an. Eine Mast lohnt sich nicht. Daher
werden allein in der Schweiz jährlich um die zwei Millionen
dieser männlichen Küken von Legehybriden gleich nach
dem Schlupf getötet. KAGfreiland bietet schon seit Jahren mit
dem Projekt «Kombihuhn» eine Alternative. Auf den ent-
sprechenden Betrieben werden jedes Jahr Brüder von etwas
schwereren Hybridlegehennen im Freiland aufgezogen
und mit 14 Wochen als sogenannte Junghähne geschlachtet.
Das Fleisch erinnert an Wildgeflügel. Es ist sehr schmackhaft, zart und aromatisch. Ein Junghahn ist ein wahrhaft tier-
freundliches Festessen.

Junghähne aus
Kombihuhn-Projekt.

Sind Suppenhühner noch in?

Diese Frage stellt sich zu Recht in einer Zeit, in der alles schnell gehen muss. Mit Fertiggerichten, Mikrowelle, Steamer und Co. sparen wir viel Zeit. Aufwändig gekocht wird nur noch zu speziellen Anlässen, und dann muss es ein edles Stück Fleisch sein. Ein Suppenhuhn passt da so gar nicht rein. Oder doch? Ein Erwachsener isst im Schnitt im Jahr etwa so viele Eier, wie eine Henne legt. Wir wären ethisch verpflichtet, jedes Jahr die «ausgediente» Legehenne als Suppenhuhn zu essen!

Legehennen im Wintergarten.

Das Suppenhuhn entdecken!

Es gibt zahlreiche Produkte aus Suppenhuhn, z. B. Brat-
wurst, Fleischkäse, Brätkügelchen und Aufschnitt. Sie sind für
viele ein willkommener Ersatz für die gleichen Produkte
aus Schweine-, Rind- und Kalbfleisch.

Auch das ganze Suppenhuhn (meist in Bio-Qualität) ist an
vielen Orten im Angebot. Beim Großverteiler ist es im Moment
im Tiefkühlregal, beim Bauern und in der Metzgerei mit
Bankverkauf teils auch frisch erhältlich. Die Suppenhühner
sind also da, und die Produzenten schätzen sich glücklich,
wenn das schmackhafte Fleisch im Privathaushalt und in der
Gastronomie neu entdeckt wird.

Legehennen auf der Weide.

Rohes Huhn ausbeinen

Schenkel mit dem Ausbein-
messer von der Brust trennen

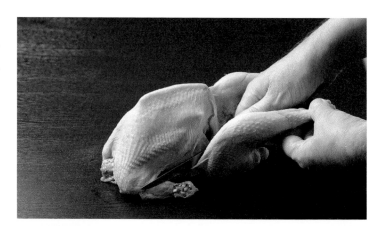

Brüste mit dem Ausbeinmesser
dem Brustbein entlang
einschneiden und so vom
Knochen lösen

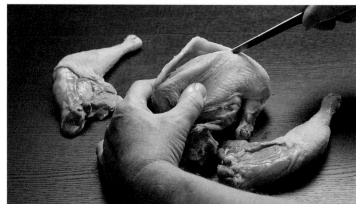

Unterschenkel vom
Oberschenkelknochen lösen

Gekochtes Huhn ausbeinen

Haut vom Fleisch lösen

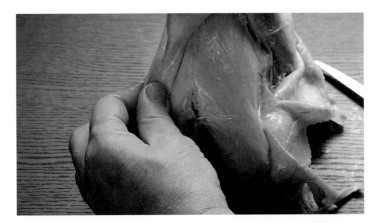

Schenkel abtrennen;
das geht auch ohne Messer

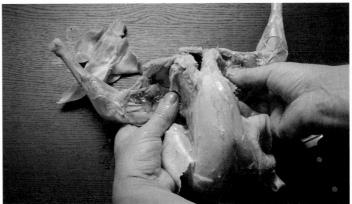

Brüste mit dem scharfen
Ausbeinmesser dem Brustbein
entlang vom Knochen lösen

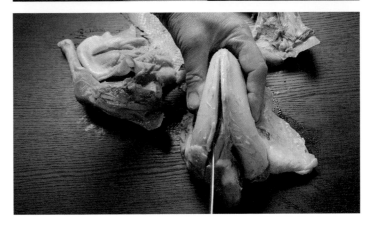

Suppen

Hühnersuppentopf im Jahreslauf

1 **Suppenhuhn**, ca. 1 kg
1 **Zwiebel**, klein gewürfelt
2 **Lorbeerblätter**
5–7 **Pfefferkörner**

1 1½ Liter Wasser in einem großen, hohen Kochtopf erhitzen, das Wasser salzen, Suppenhuhn hineinlegen; es sollte mit Wasser knapp bedeckt sein, aufkochen, abschäumen. Zwiebeln und Gewürze zugeben, das Suppenhuhn bei schwacher Hitze köcheln lassen, bis es gar ist; das dauert um die 90 Minuten. Die Garzeit kann stark variieren. Das Fleisch ist gar, wenn man das Huhn mit einer Fleischgabel beim Schenkel aufspießen kann und es gleich wieder von der Gabel fällt. Huhn aus der Brühe nehmen, abkühlen lassen.

2 Die Haut lösen (für eine Piccata verwenden, Rezept Seite 71). Das Fleisch von den Knochen lösen und in große Stücke schneiden.
Je nach Jahreszeit Gemüse zugeben und weich kochen. Hühnerfleisch in der Suppe erwärmen.

Frühling

Spargel passt wunderbar zu Hühnerfleisch. Im Frühling ein Highlight! Weißen Spargel schälen und das holzige Ende, 3 bis 5 cm, abschneiden, die Stangen in etwa 3 cm lange Stücke schneiden. Spargel (Spitzen erst am Schluss zugeben), Kefen und Frühlingszwiebeln in der Brühe weich kochen. Frische Morcheln (zusammen mit den Spargelspitzen am Ende der Garzeit 5 Minuten mitkochen) runden das Gericht herrlich ab. Ein paar Bärlauchblätter am Schluss geben der Brühe eine spezielle, frische Würze.

Sommer

Der Sommer ist die Zeit der Tomaten. Die Sortenvielfalt wird immer größer. Für dieses Gericht nimmt man am besten Fleischtomaten. Tomaten schälen: frische Früchte mit dem Sparschäler schälen, ansonsten in kochendes Wasser tauchen, unter kaltem Wasser abschrecken und dann schälen. Stielansatz ausstechen. Tomaten in Würfel schneiden und einige Minuten in der Brühe kochen. Auch Peperoni-/Gemüsepaprikastreifen, Knoblauch und Zucchiniwürfel passen gut in die Suppe. Mit frischem Basilikum garnieren.

Herbst

Das Gemüseangebot ist im Herbst sehr üppig. Es gibt frischen Sellerie, Lauch, diverse Karotten, Wirz/Wirsing. Wenig Rollgerste (ca. 15 Minuten mitkochen) ist eine gute, sättigende Ergänzung. Die Suppe mit abgezupften frischen Majoran- und Thymianblättchen und fein geschnittenem Schnittlauch bestreuen.

Winter

Ideal für einen winterlichen Suppeneintopf sind Schwarzwurzeln. Stangen unter fließendem Wasser schälen (bis zum Kochen in Milch einlegen, damit sie nicht braun werden), in 3 cm lange Stücke schneiden, in der Brühe 10 bis 15 Minuten kochen. Ein wenig Lauch und Wirz/Wirsing ergänzen die Suppe bestens. Grüne Linsen passen auch sehr gut, sie müssen aber separat gekocht werden. Hühnerbrühe mit Kümmel und Thymian würzen. Zum Servieren mit gehackter, glattblättriger Petersilie bestreuen. Nach Belieben mit einer Aïolisauce, einer Vinaigrette- oder Tatarsauce servieren.

Zwiebelsuppe mit Huhn

Vorspeise

½ dl / 50 ml **Olivenöl**

100 g **Zwiebeln**,
in feinen Ringen

1 **kleine rote Chilischote**,
klein gewürfelt

1 **Knoblauchzehe**,
klein gewürfelt

einige **Safranfäden**

1 dl / 100 ml **trockener
Weißwein**

8 dl / 800 ml **Hühnerbrühe**,
Seite 91

150 g **gekochtes Hühnerfleisch**,
Seite 91, klein gewürfelt

Salz

Pfeffer aus der Mühle

Zwiebeln und Chili im Olivenöl andünsten, Knoblauch und Safranfäden mitdünsten, mit Weißwein ablöschen und auf die Hälfte einkochen lassen, mit der Hühnerbrühe auffüllen, mit Salz und Pfeffer würzen, 10 bis 15 Minuten köcheln lassen, bis die Zwiebeln weich sind. Hühnerfleisch in der Suppe erwärmen.

Tipp

Mit kleinen Käseschnitten servieren.

Gurkensuppe mit Huhn und Dillblüten

20 g **Butter**

100 g **Zwiebeln**, in Streifen

50 g **Lauch**, klein geschnitten

500 g **Nostranogurken**

50 g **Kartoffeln**, klein gewürfelt

7 dl / 700 ml **Hühnerbrühe**,
Seite 91

1 Prise **Curry**

Kümmelsamen

Salz

Pfeffer aus der Mühle

1 TL **Sherryessig**

1 EL **Olivenöl**

200 g **gekochtes, warmes
Hühnerfleisch**,
in Stücken

2 **blühende Dilldolden**

1 Gurken schälen, längs halbieren und entkernen, in Würfel schneiden, in eine Schüssel geben und salzen, 1 Stunde stehen lassen, Wasser abgießen.

2 Zwiebeln und Lauch in der Butter andünsten, Gurken und Kartoffeln zugeben, mit der Hühnerbrühe auffüllen, mit Curry, Kümmel, Salz, Pfeffer und Sherryessig würzen, köcheln lassen, bis das Gemüse sehr weich ist, 20 bis 30 Minuten. Suppe fein pürieren.

3 Suppe aufkochen, eventuell nachwürzen. Olivenöl einrühren, nicht mehr kochen. Auf Teller verteilen. Hühnerfleisch dazugeben. Mit Dillblüten garnieren.

Ungarische Hühner-Gulaschsuppe

für 10 Portionen
als kleine Mahlzeit

1 EL **Öl**

400 g **Hühnerfleisch**, roh,
klein gewürfelt

Salz

Pfeffer aus der Mühle

150 g **Zwiebeln**, klein gewürfelt

½ TL **Rosenpaprika**

1 TL **Tomatenpüree**

2 dl / 200 ml **Rotwein**

2 l **Hühnerbrühe**, Seite 91

je 2 Zweige **Thymian** und
Majoran

1 **Lorbeerblatt**

½ TL **Kümmelsamen**

je 50 g **Knollensellerie** und
Karotte, klein gewürfelt

100 g **farblich gemischte
Peperoni/Gemüsepaprika**,
klein gewürfelt

150 g **festkochende Kartoffeln**,
klein gewürfelt

1 Fleisch vor dem Anbraten mit Salz und Pfeffer würzen. In einer genügend großen Guss- oder Eisenpfanne das Öl stark erhitzen und das Fleisch 5 Minuten anbraten, Zwiebeln zugeben und braun rösten, Rosenpaprika und Tomatenpüree kurz mitbraten, mit Rotwein ablöschen, die Flüssigkeit fast ganz einkochen lassen. Nun mit der Hühnerbrühe auffüllen, das Ganze in einen hohen Topf umgießen, Fleisch etwa 60 Minuten köcheln lassen.

2 Abgezupften Thymian und Majoran, Lorbeerblatt und Kümmel sowie Gemüse und Kartoffeln zugeben, weitere 15 Minuten köcheln lassen. Eventuell muss die Suppe mit zusätzlicher Hühnerbrühe verdünnt werden.

Zum Rezept

Die Gulaschsuppe ist für 10 Personen eine kräftige, sättigende kleine Mahlzeit, genau das Richtige für den zweiten Hunger an einem Fest. Oder man serviert sie für entsprechend weniger Personen als Mahlzeit.

Tipp

Die Hühner-Gulaschsuppe kann gut vorbereitet und im Kühlschrank bis zu einer Woche aufbewahrt werden. Sie schmeckt aufgewärmt fast noch besser als frisch.

Artischockensuppe mit Huhn

20 g **Butter**

50 g **Zwiebeln**, klein gewürfelt

2 **frische Artischockenböden**, gewürfelt

100 g **festkochende Kartoffeln**, geschält, gewürfelt

1 l **Hühnerbrühe**, Seite 91

100 g **erntefrischer Spinat**

100 g **gekochtes Hühnerfleisch**, Seite 91, klein gewürfelt

1 dl / 100 ml **Rahm/Sahne**, steif geschlagen

Salz

Pfeffer aus der Mühle

1 kleiner Bund **glattblättrige Petersilie**, Blättchen abgezupft und gehackt

30 g **Rauchlachs**, in Streifen

1 Zwiebeln und Artischocken in der Butter andünsten, Kartoffeln und Hühnerbrühe zugeben, etwa 10 Minuten köcheln lassen, Spinat zugeben, weitere 2 Minuten köcheln lassen.

2 Artischockensuppe fein pürieren.

3 Suppe aufkochen, Hühnerfleisch zugeben und erwärmen, mit Salz und Pfeffer abschmecken, Schlagrahm unterziehen, nochmals kurz aufkochen. Suppe anrichten. Mit Petersilie und Rauchlachsstreifchen garnieren.

Randen-Zwetschgen-Suppe mit Huhn und Ingwerschaum

10 g **Butter**

1 **kleine Zwiebel**,
klein gewürfelt

200 g **rohe Randen/Rote Beten**,
geschält, klein gewürfelt

1 l **Hühnerbrühe**, Seite 91

1 Prise **Kümmelsamen**

Salz

Pfeffer aus der Mühle

100 g **gut reife Zwetschgen**,
entsteint, zerkleinert

100 g **gekochtes Hühnerfleisch**,
Seite 91, ohne Haut, in Streifen,
erwärmt

Ingwerschaum

1 dl / 100 ml **Milch**

ca. 20 g **Ingwer**, geschält,
fein gerieben

Salz

Pfeffer aus der Mühle

1 Zwiebeln und Randen in der Butter andünsten, mit der Hühnerbrühe ablöschen, mit Kümmel, Salz und Pfeffer würzen, köcheln lassen, bis die Randen weich sind, etwa 35 Minuten. Zerkleinerte Zwetschgen am Schluss 5 Minuten mitkochen. Suppe fein pürieren. Eventuell braucht es noch etwas mehr Hühnerbrühe. Abschmecken mit Salz und Pfeffer.

2 Für den Schaum die Milch mit fein geriebenem Ingwer aufkochen, würzen mit Salz und Pfeffer abschmecken, mit dem Stabmixer aufschäumen.

3 Randensuppe in vorgewärmten Suppentellern anrichten. Mit dem Ingwerschaum garnieren.

Zum Rezept

Die Zwetschgen geben der Suppe eine feine fruchtige Säure.

Variante

Randen durch Fenchel ersetzen.

Phoga – Vietnamesische Hühnersuppe

1 **Suppenhuhn**, pfannenfertig

5 cm **Ingwerwurzel**, geschält,
in feinen Scheiben

3 **Knoblauchzehen**,
klein gewürfelt

3 **Sternanis**

½ **Zimtstange**

3 **Frühlingszwiebeln**,
in feinen Scheiben

1 **mittelgroßer Lauch**,
in feinen Scheiben

Salz

Pfeffer aus der Mühle

1 EL **Limettensaft**

1 Das Huhn in kaltem Wasser aufsetzen und aufkochen, schwach salzen, abschäumen, Ingwer, Knoblauch, Sternanis und Zimtstange zugeben, bei schwacher Hitze 90 Minuten köcheln lassen. Abkühlen lassen. Das Huhn aus der Brühe nehmen. Hühnerhaut ablösen, Fleisch vom Knochen lösen und zerkleinern.

2 Geflügelbrühe durch ein feines Sieb oder Tuch gießen, aufkochen, Frühlingszwiebeln und Lauch zugeben und 1 bis 2 Minuten köcheln lassen, mit Salz und Pfeffer abschmecken, Hühnerfleisch zugeben, mit Limettensaft abrunden. Vietnamesische Hühnersuppe in vorgewärmten Tellern anrichten.

Kürbis – Kokosnuss – Suppe mit Huhn

20 g **Butter**

50 g **Schalotten**, klein gewürfelt

½ **Chilischote**, entkernt, fein gehackt

½ **Zitronengrasstängel**, geschält und fein gehackt

300 g **fruchtiger Kürbis**, geschält, gewürfelt

½ l **Hühnerbrühe**, Seite 91

2 dl / 200 ml **Kokosnussmilch**

Salz

Pfeffer aus der Mühle

4 **Kaffirlimettenblätter**, Mittelrippe entfernt, in feinen Streifen

1 Zweig **Koriander**, Blätter abgezupft und fein geschnitten

100 g **gekochtes Hühnerfleisch**, in Streifen, erwärmt

Schalotten, Chili und Zitronengras in der Butter andünsten, Kürbis, Hühnerbrühe und Kokosmilch zugeben, bei schwacher Hitze köcheln lassen, bis der Kürbis gar ist, mit Salz und Pfeffer würzen. Kaffirlimettenblätterstreifchen und Koriander kurz mitkochen. Suppe pürieren. Nochmals aufkochen, in vorgewärmten Suppentellern anrichten, das Hühnerfleisch zugeben. ∽

Variante

In der Suppe kurz gekochte Kalamares oder kleingeschnittene Riesenkrevetten sind eine feine Ergänzung.

Erbsensuppe mit Huhn und Käsecroûtons

20 g **Butter**

2 **Frühlingszwiebeln mit Grün**,
Zwiebeln gehackt,
Grün in Röllchen

1 **Knoblauchzehe**, klein gewürfelt

200 g **frische grüne Erbsen**

50 g **Kartoffeln**, geschält,
gewürfelt

6 dl / 600 ml **Hühnerbrühe**,
Seite 91

1 Bund **Schnittlauch**,
fein geschnitten

100 g **gekochtes Hühnerfleisch**,
gewürfelt

2 EL **Olivenöl**

Salz

Pfeffer aus der Mühle

Käsecroûtons

2 EL **Olivenöl**

12 **dünne Baguettescheiben**

100 g **geriebener Sbrinz**

2 Bund **Schnittlauch**,
fein geschnitten

1 **Eigelb**

1 TL **Rahm/Sahne**

1 Prise **Paprikapulver**

Pfeffer aus der Mühle

1 Zwiebeln und Knoblauch in der Butter andünsten, Erbsen und Kartoffeln zugeben, mit Hühnerbrühe auffüllen, aufkochen, mit Salz und Pfeffer würzen, köcheln lassen, bis die Kartoffeln weich sind, Zwiebelgrün 2 Minuten mitkochen. Fein pürieren. Suppe aufkochen, Hühnerfleisch zugeben, mit Salz und Pfeffer abschmecken.

2 Für die Croûtons Baguettescheiben im Olivenöl beidseitig rösten. Sbrinz und übrige Zutaten verrühren. Käsemasse auf die gerösteten Brotscheiben verteilen. Im Ofen bei 200 °C knusprig backen.

3 Suppe aufkochen, mit Salz und Pfeffer abschmecken, Olivenöl unterrühren. In vorgewärmten Suppentellern anrichten. Käsecroûtons dazu servieren.

... auf zu den Salaten & Vorspeisen > > >

Salate & Vorspeisen

Mediterraner Hühnerbrustsalat

Vorspeise

1 EL **Bratbutter**

2 rohe **Hühnerbrüstchen**,
je ca. 150 g

Salz

Pfeffer aus der Mühle

2 **Fleischtomaten**

50 g **Zucchini**

Sauce

½ **Limette**, Saft

2 EL **Olivenöl**

Salz

Pfeffer aus der Mühle

2 **Basilikumzweiglein**,
Blätter in Streifen

½ **Chilischote**, klein gewürfelt

Rucola

Basilikum, für die Garnitur

1 Backofen auf 160 °C vorheizen.

2 Hühnerbrüstchen mit Salz und Pfeffer würzen, in der Butter bei mittlerer Hitze braten. In den auf 160 °C vorgeheizten Ofen schieben und 10 bis 15 Minuten braten. Auf einem Gitter auskühlen lassen. Fleisch in Streifen schneiden.

3 Tomaten schälen, Seite 28, Stielansatz ausstechen, Früchte vierteln oder achteln. Zucchino beidseitig kappen und in zündholzfeine Stäbchen schneiden.

4 Hühnerfleischstreifen, Tomaten und Zucchini mit der Sauce mischen. 10 Minuten ziehen lassen. Nach Belieben mit Salz und Pfeffer abschmecken. Auf dem Rucola anrichten. Mit Basilikum garnieren.

Hörnlisalat mit Huhn

Mahlzeit

1 **Suppenhuhn**

150 g **Hörnli/kurze Pasta**

1 **reife Mango**

1 **Salatgurke**

1 **rote Spitzpeperoni/
Gemüsepaprika**

Sauce

1–2 EL **Weißweinessig**

2 EL **Mayonnaise**, Seite 102

3 EL **Joghurt**

Salz

Pfeffer aus der Mühle

3 Zweiglein **glattblättrige
Petersili**e, Blättchen von
den Stielen gezupft und gehackt

1 Suppenhuhn kochen: Seiten 27 und 91. Haut entfernen, das Fleisch vom Knochen lösen und in Würfel schneiden, Seite 23.

2 Teigwaren in reichlich Salzwasser kochen, abgießen, mit kaltem Wasser abschrecken.

3 Mango schälen und Fruchtfleisch vom Stein schneiden und würfeln. Gurke in Scheiben schneiden. Peperoni mit dem Sparschäler schälen, halbieren, Stielansatz, Kerne und weiße Rippen entfernen, Schotenhälften klein würfeln.

4 Hühnerfleisch, Hörnli, Mango, Gurken und Peperoni mit der Sauce mischen.

Zum Rezept

Der nahrhafte Salat ist ein feines Nacht- oder Mittagessen. Er ist ideal zum Vorbereiten und kann im Kühlschrank aufbewahrt werden. Nicht zu kalt servieren! Geschält sind die Peperoni viel leichter verdaulich als ungeschält. Sie können nach Belieben durch Cherrytomaten ersetzt werden.

Frühlingssalat mit Huhn, Morcheln und grünem Spargel

1 **Suppenhuhn**	1 Suppenhuhn kochen: Seiten 27 und 91. Haut entfernen, Fleisch vom Knochen lösen und in Würfel schneiden, Seite 23.
1 EL **Olivenöl**	
2 **Frühlingszwiebeln**, klein gewürfelt	2 Morcheln, aufschneiden, gut wässern und abtropfen lassen.
150 g **frische Morcheln**	3 Unteres Drittel beim Spargel schälen. Grünspargel im Salzwasser knackig garen.
1 Bund **Schnittlauch** oder **Bärlauch**, fein geschnitten	4 Frühlingszwiebeln im Olivenöl andünsten, abgetropfte Morcheln 2 bis 3 Minuten mitdünsten, mit Salz und Pfeffer würzen.
Dressing	5 Morcheln und Huhn mit dem Dressing mischen, mit Salz und Pfeffer abschmecken.
2 EL **Balsamico**	
1½ dl / 150 ml **Olivenöl**	6 Spargel und Rucola auf Teller verteilen, Pilz-Huhn-Salat darauf anrichten, mit Streifchen oder Scheiben von Radieschen garnieren.
Salz	
Pfeffer aus der Mühle	
12 **grüne Spargel**	
1 Bund **Rucola**	
Radieschen	

Huhn im Filoteig

Vorspeise

8 Filoteigblätter

Füllung

250 g gekochte **Hühnerbrust**
ohne Haut, groß gewürfelt

Salz

Pfeffer aus der Mühle

wenig **Kurkumawurzel**,
geschält, gerieben

wenig **Ingwerwurzel**,
geschält, gerieben

1 **Knoblauchzehe**, klein gehackt

1 **Frühlingszwiebel**,
in feinen Scheiben

1 Backofen auf 200 °C vorheizen.

2 Hühnerbrust mit Salz und Pfeffer würzen, mit restlichen Zutaten mischen und auf die Filoteibglätter verteilen. Teigränder mit wenig Wasser befeuchten, aufrollen, Teigränder gut verschließen und zusammendrücken. Auf ein mit Backpapier belegtes Blech legen.

3 Das Filoteiggebäck im vorgeheizten Backofen bei 200 °C 15 Minuten knusprig backen.

Flammkuchen mit Hühnerfleischburgern

Vorspeise

200 g **Flammkuchenteig**,
Seite 96

180 g **rohe Hühnerfleisch-
Hackbratenmasse**, Seite 75
1 **Frühlingszwiebel**,
in feinen Ringen
2 **Majoranzweiglein**,
Blättchen abgezupft
Salz
Pfeffer aus der Mühle
100 g **Stangensellerie**, geschält,
in feinen Streifen
200 g **Crème fraîche**

1 Teig in vier Portionen teilen und dünn ausrollen. Aus der Hackbratenmasse 12 kleine Burger formen und auf den Teig verteilen. Frühlingszwiebeln und Stangensellerie mischen, mit Salz, Pfeffer und Majoran würzen, auf den Teig streuen. Crème fraîche gleichmäßig darauf verteilen.

2 Flammkuchen im vorgeheizten Ofen bei 200 °C 10 Minuten knusprig backen.

Tipp

Der Flammkuchen ist eine feine Vorspeise oder ein Häppchen vor dem Essen. Als Variante eine Pizza machen: Teig mit Streifen von Fleischtomaten (Tomaten schälen, vierteln und entkernen, Tomatenfleisch in Streifen schneiden) belegen und Crème fraîche durch Büffelmozzarella ersetzen.

Kartoffelsalat mit Huhn

Mahlzeit

1 Suppenhuhn

300 g **festkochende Kartoffeln**

wenig **Kümmelsamen**

150 g **Fenchel**

150 g **Zucchini**

50 g **getrocknete Tomaten**,
klein gewürfelt

Sprossen

1 **rote Zwiebel**,
in feinen Ringen

Sauce

1 EL **milder Rotweinessig**

3 EL **Hühnerbrühe**, Seite 91.

Salz

Pfeffer aus der Mühle

3 EL **Olivenöl**

1 Zweig **Borretsch** oder
wenig **Schnittlauch**,
fein geschnitten

30 g **Meerrettich**, geschält,
fein gerieben

½ **Knoblauchzehe**,
klein gewürfelt

1 Suppenhuhn kochen: Seiten 27 und 91. Haut entfernen, Fleisch vom Knochen lösen und in Würfel schneiden, Seite 23.

2 Kartoffeln mit Kümmelsamen im Salzwasser weich garen, noch warm schälen und in Scheiben schneiden.

3 Fenchel und Zucchini auf dem Gemüsehobel oder auf der Röstiraffel hobeln.

4 Kartoffeln, Fenchel, Zucchini, Tomaten, Zwiebeln und Hühnerfleisch mit der Sauce mischen. 10 Minuten ziehen lassen. Nach Belieben abschmecken mit Salz und Pfeffer.

5 Salat anrichten. Mit den Sprossen garnieren.

Tipp

Auf Salatblättern anrichten, Salat mit Radieschenscheiben und Borretschblüten garnieren.

Hühnerterrine

**für eine Terrinenform
von 1,2 Liter Inhalt**

für 15 Personen als Vorspeise

220 g **Schenkelfleisch** vom
Suppenhuhn

700 g **Brüstchen** vom
Suppenhuhn, ohne Haut und
Sehnen

100 g **fetter Speck**

10 **Wacholderbeeren**,
im Mörser zerstoßen

5 **Pimentkörner**,
im Mörser zerstoßen

1 EL **Senf**

1 dl / 100 ml **roter Portwein**

Salz

Pfeffer aus der Mühle

3 dl / 300 ml **Rahm/Sahne**

20 g **Butter**, zum Braten

150 g **Gemüsestreifen** von
**Knollensellerie, Karotte,
Pfälzer Rübe**

1 Schenkel- und Brustfleisch sowie Speck mit Wacholderbeeren, Piment, Senf und Portwein mischen, mit Salz und
Pfeffer würzen, 1 Stunde marinieren.

2 Gemüsestreifen im kochenden Wasser blanchieren und
sofort in Eiswasser (Wasser mit Eiswürfeln) abkühlen, auf
ein Tuch legen und trocknen lassen.

3 Hühnerbrüstchen aus der Marinade nehmen und in
der Butter 1 bis 2 Minuten kräftig braten, auf einem Gitter
auskühlen lassen. Restliches Hühnerfleisch und Speck
mit der Marinade fein pürieren. Masse im Kühlschrank gut
durchkühlen lassen. Flüssigen Rahm unterrühren, mit
Salz und Pfeffer kräftig abschmecken.

4 Fleischfarce, Gemüsestreifen und Hühnerbrust abwech-
selnd in die Terrinenform füllen. Darauf achten, dass keine
Hohlräume entstehen. Deckel auflegen.

5 Terrinenform in ein Wasserbad stellen und die Hühner-
terrine im Ofen bei 130 °C (das Wasser darf nicht kochen)
90 Minuten pochieren. Zum Auskühlen beschweren,
indem man ein Brettchen auf die Terrine legt und dieses
mit einem Kilogramm Gewicht beschwert. Vor dem Stürzen
und Anschneiden am besten 24 Stunden im Kühlschrank
ruhen lassen.

Tipp

Zur Terrine ein Zwetschgenchutney mit grobkörnigem Senf
und einem reifen Balsamico servieren.

Lauwarmer Nudelsalat mit Huhn und Salbei

Vorspeise

100 g **gekochte Hühnerbrust**,
ohne Haut, in Streifen
50 g **frische Nudeln**
150 g **Gemüsestreifen** von
**Karotte, Knollensellerie,
Stangensellerie, Zucchino**
5 **Radieschen**, in zündholz-
feinen Stäbchen
16 **Salbeiblätter**
1 EL **Rahm/Sahne**
50 g **frische Steinpilze**,
in Scheiben
20 g **Butter**

Dressing

1 TL **milder, grobkörniger Senf**
2 EL **Hühnerbrühe**, Seite 91
1 **Limette**, Saft
60 g **Olivenöl**
Salz
Pfeffer aus der Mühle

1 Steinpilze in wenig Butter hellbraun braten, mit Salz und Pfeffer würzen. Salbeiblätter im Rahm wenden und in der Butter knusprig braten.

2 Frische Nudeln im Salzwasser etwa 2 Minuten al dente kochen, Gemüsestreifen 1 Minute mitkochen, abgießen und abtropfen lassen.

3 Heiße Nudeln und Gemüsestreifen mit dem Dressing mischen, nach Belieben abschmecken. Auf vorgewärmten Tellern anrichten. Mit den gebratenen Steinpilzen garnieren.

Brötchen mit Hühnerfleischfüllung

Vorspeise
für 4 Brötchen

180 g **Brotteig** (ohne Tomaten,
Knoblauch und Gewürze),
Seite 95

150 g **Huhn-Hackbratenmasse**,
Seite 75

20 g **geriebener Sbrinz**

1 Backofen auf 210 °C vorheizen.

2 Teig dünn ausrollen und in 4 gleich große Rechtecke
schneiden, Hackbratenmasse mit dem Käse mischen, auf
die Teigstücke verteilen, Brötchen formen und auf ein
mit Backpapier belegtes Blech legen und kreuzweise wenig
einschneiden.

3 Brötchen auf der zweituntersten Schiene in den Ofen
schieben, bei 210 °C 15 Minuten backen. Warm servieren.

Zum Rezept

Diese Brötchen sind eine feine Vorspeise mit einem Über-
raschungseffekt. Man kann den Teller zusätzlich mit Salaten
garnieren. Sie schmecken auch kalt sehr gut.

Hühnerweggen

für 10 Weggen

500 g **Blätterteig**

500 g **Schenkelfleisch**
vom **Suppenhuhn**, ohne Haut
und Sehnen, fein gehackt

Salz

Paprika

2 **Knoblauchzehen**,
durchgepresst

Pfeffer aus der Mühle

je 4 **Majoran-** und
Thymianzweiglein, Blättchen
abgezupft und gehackt

2 **Eigelbe**

1 dl / 100 ml **Rahm/Sahne**

2 **Eigelbe**

1 Hackfleisch pikant würzen, Eigelbe und Rahm unterrühren, in einen Spritzbeutel mit großer, glatter Lochtülle
füllen.

2 Blätterteig zu einem Rechteck von 16 cm x 60 cm ausrollen,
Rechtecke von 8 cm x 12 cm schneiden. Teigränder mit
leicht verdünntem Eigelb bestreichen, Füllung längs in die
Mitte drücken, Teig einschlagen, sorgfältig zusammendrücken. Auf ein Backblech legen, 30 Minuten kühl stellen.

3 Hühnerweggen mit Eigelb bestreichen. Im vorgeheizten
Ofen bei 190 °C 15 bis 20 Minuten backen.

Variante

Blätterteig durch Flammkuchenteig, Seite 96, ersetzen und
ihn möglichst dünn ausrollen.

Thailändischer Glasnudelsalat mit Suppenhuhn

300 g **gekochtes Hühnerfleisch**,
ohne Haut, in Stücken

30 g **Glasnudeln**

1 **Salatgurke**

½ **Zitronengrasstängel**

2 **Kaffirlimettenblätter**

½ **Frühlingszwiebel**,
klein gewürfelt

2 **frische rote Chilischoten**

1 **reife Mango**

2 EL **Thai-Fischsauce**

1 **Limette**, Saft

fein geschnittene Minze und
Koriander, für die Garnitur

1 Glasnudeln 30 Minuten in heißem Wasser einweichen, in ein Sieb abgießen, mit einer Schere in etwa 5 cm lange Stücke schneiden.

2 Gurke in Scheiben schneiden. Zitronengrasstängel schälen und fein hacken. Kaffirlimettenblätter fein hacken. Chilischoten aufschneiden, Kerne und weiße Rippen entfernen, in Streifchen schneiden. Mango schälen, Fruchtfleisch in Streifen vom Stein schneiden.

3 Alle Zutaten mit Fischsauce und Limettensaft mischen, mit Salz abschmecken. Salat mindestens 10 Minuten ziehen lassen. Salat anrichten und mit den Kräutern garnieren.

Selleriestrudel mit Hühnerbrust und Bärlauchbutter

Strudelteig

350 g **Weißmehl**

1 **Ei**

1 Prise **Salz**

1–1½ dl / 100–150 ml
handwarmes Wasser

1 EL **Öl**

Mehl, zum Ausrollen

Rahm/Sahne, zum Bestreichen

Füllung

40 g **Butter**

20 g **Schalotten**, klein gewürfelt

10 g **Bündnerfleisch**,
klein gewürfelt (Brunoise)

150 g **rohe Hühnerbrust**, ohne
Haut und Knochen, in Streifchen

100 g **Knollensellerie**

100 g **Stangensellerie**

1 Bund **Kerbel, Salz, Pfeffer**

Bärlauchbutter

2 dl / 200 ml **Gemüsefond**,
Seite 94

20 g **Schalotten**, klein gehackt

5 **Bärlauchblätter**,
fein geschnitten

60 g **kalte Butterstückchen**

1 Für den Strudelteig Mehl in eine Schüssel sieben und eine Vertiefung drücken. Übrige Zutaten in die Vertiefung geben, nach und nach mit dem Mehl mischen und zu einem festen, aber geschmeidigen Teig kneten. In eine vorgewärmte Schüssel legen, mit Klarsichtfolie verschließen, etwa 1 Stunde ruhen lassen.

2 Stangen- und Knollensellerie schälen und in feine Streifen schneiden.

3 In einer Gusseisenpfanne Schalotten, Bündnerfleisch und Hühnerfleisch sehr heiß anbraten, Sellerie zugeben, mit Salz und Pfeffer würzen, 30 Sekunden dünsten, in einem Sieb abtropfen und erkalten lassen.

4 Den Strudelteig auf bemehlter Arbeitsfläche ausrollen. Ein großes Tuch ausbreiten und mit Mehl bestäuben. Teig auf das Tuch legen und über die Handrücken von der Mitte nach außen ziehen, bis der Teig hauchdünn und fast durchsichtig ist. Füllung auf den Teig verteilen und einrollen. Strudel auf ein eingefettetes Blech rollen. Bis zum Backen kühl stellen.

5 Strudel in der Mitte in den auf 200 °C vorgeheizten Ofen schieben, rund 20 Minuten backen, bis er eine schöne, knusprig-braune Farbe hat. Strudel während des Backens immer wieder mit wenig Rahm einpinseln. Herausnehmen, auf einem Gitter einige Minuten ruhen lassen.

6 Für die Bärlauchbutter Gemüsefond mit Schalotten um ein Drittel einkochen lassen, mit Salz und Pfeffer würzen. Bärlauch unterrühren. Butter in den kochenden Fond rühren. Sofort servieren.

... auf zu den Mahlzeiten > > >

Mahlzeiten

Huhn – Kartoffel – Curry

½ dl / 50 ml **Olivenöl**

2 **Schalotten**, klein gewürfelt

2 **Knoblauchzehen**,
klein gewürfelt

20 g **Ingwerwurzel**,
klein gewürfelt

2 **Chilischoten**, aufgeschnitten,
entkernt, klein gewürfelt

4 **rohe Suppenhuhnbrüstchen**,
ohne Haut, in feinen Streifen

Salz

Pfeffer aus der Mühle

400 g **festkochende Kartoffeln**,
3 cm groß gewürfelt

1 TL **Curry**

1 TL **Paprikapulver**

3 dl / 300 ml **Hühnerbrühe**,
Seite 91

100 g **Naturjoghurt**

1 **Mango**

1 Bund **Koriander**,
Blättchen abgezupft

1 Mango schälen, Fruchtfleisch vom Stein schneiden und würfeln.

2 Schalotten, Knoblauch, Ingwer und Chili im Brattopf oder im Wok im Olivenöl andünsten, Hühnerfleisch einige Minuten mitdünsten, Kartoffeln, Curry und Paprika zugeben, mit Hühnerbrühe ablöschen, zugedeckt 15 Minuten köcheln lassen. Wenn das Fleisch gar ist, Joghurt und Mango untermischen, nicht mehr kochen. Koriandergrün zugeben, mit Salz und Pfeffer abschmecken.

Variante

Anstelle von Kartoffeln eignen sich auch feine Nudeln oder Rigatoni, die im Salzwasser separat al dente gekocht werden müssen.

In Syrah geschmortes Suppenhuhn

2–3 EL **Öl**

1 **Suppenhuhn**

Salz

Pfeffer aus der Mühle

100 g **Röstgemüse: Zwiebel, Karotte, Knollensellerie,** geschält, zerkleinert

ca. 3 dl / 300 ml **Syrah**

½ EL **Mehl,** zum Bestäuben

ca. ½ l **Kalbsfond,** Seite 93

5 **Wacholderbeeren,** zerdrückt

5 **Pimentkörner,** zerdrückt

3 **Lorbeerblätter**

2 **Thymianzweiglein,** für die Garnitur

wenig **Butter**

50 g **Champignons**

1 Schenkel vom Körper trennen und beim Gelenk durchschneiden, Oberschenkelknochen herauslösen. Brüste vom Knochen lösen, Flügelknochen am Brustfleisch belassen, Brüste in 2 bis 3 Teile schneiden. Mit Salz und Pfeffer würzen.

2 Fleischstücke in einem großen Brattopf anbraten, herausnehmen. Das Gemüse im gleichen Topf gut anbraten, Fleisch wieder zugeben, mit Rotwein ablöschen, Flüssigkeit einkochen lassen. Mit Mehl bestäuben. So viel Kalbsfond angießen, dass das Fleisch knapp bedeckt ist. Gewürze zugeben. 1½ bis 2 Stunden schmoren lassen. Garflüssigkeit kontrollieren, immer wieder ergänzen. Fleisch herausnehmen, warm stellen. Sauce je nach Konsistenz noch einkochen lassen, durch ein Sieb passieren. Fleisch und Sauce wieder in den Brattopf geben.

3 Champignons vierteln und in der Butter kräftig dünsten.

4 Champignons und abgezupfte Thymianblättchen über das Schmorhuhn verteilen.

Piccata von der Hühnerhaut mit Tomatenrisotto

1 **gekochtes Suppenhuhn**, Seite 27

2 EL **Mehl**

2 **Eier**, verquirlt

ca. 50 g **geriebener Sbrinz**

1 **Rosmarinzweiglein**, Nadeln abgestreift und fein gehackt

Salz

Pfeffer aus der Mühle

Butter, zum Braten

Tomatenrisotto, Seite 104

1 Eier verquirlen, Sbrinz unterrühren, mit Salz, Pfeffer und Rosmarin würzen.

2 Die Haut des gekochten Huhns sorgfältig lösen, so dass man möglichst große Stücke bekommt. Haut in gleich große Rauten schneiden, mit Salz und Pfeffer würzen, im Mehl wenden.

3 Butter in einer weiten Bratpfanne erwärmen. Die gemehlte Hühnerhaut in der Panade wenden, in der Butter bei mittlerer Hitze beidseitig braten.

4 Piccata mit dem Tomatenrisotto anrichten.

Zum Rezept

Das Rezept ist eine Überraschung. Sie werden begeistert sein, wenn Sie es verkosten. Die Piccata ist überhaupt nicht fettig, weil das Fett ausgekocht wurde. Ich habe die Piccata auch einmal einer größeren Gästeschar serviert. Niemand kam auf die Idee mit der Hühnerhaut. Die meisten wetteten auf Sellerie und Artischocke.

Hühnerpfeffer

für 8 Personen

2 **rohe Suppenhühner**, zerlegt,
Seite 22

½ l **kräftiger Rotwein**,
z. B. Châteauneuf-du-Pape, Rioja

½ dl / 50 ml **Balsamico**

10 **Pimentkörner**, zerdrückt

3 **Gewürznelken**

20 **Wacholderbeeren**, zerdrückt

20 **Pfefferkörner**, zerdrückt

1 **große Zwiebel**, gewürfelt

1 **kleine Karotte**,
geschält, gewürfelt

wenig **Knollensellerie**,
geschält, gewürfelt

Salz

Pfeffer aus der Mühle

2 EL **Mehl**

½ dl / 50 ml **Öl**

100 g **Röstgemüse: Zwiebel,
Knollensellerie, Karotte,**
geschält und gewürfelt

½ l **brauner Kalbsfond**, Seite 93

1 dl / 100 ml **frisches Schweins-
oder Rindsblut**

1 Hühnerfleisch, Rotwein, Balsamico, Gewürze, Zwiebeln, Karotten und Sellerie in ein hohes Gefäß füllen (das Fleisch muss mit Flüssigkeit gut bedeckt sein). Zum Marinieren 2 bis 5 Tage in den Kühlschrank stellen.

2 Fleisch zum Trocknen auf ein Tuch legen. Marinade in einen Topf gießen und einige Minuten kochen, damit das Eiweiß ausflocken kann. Durch ein Tuch passieren.

3 Fleisch mit Salz und Pfeffer würzen, mit Mehl bestäuben. In einem Schmortopf im Öl anbraten, das Röstgemüse zugeben. Topf in den auf 180 °C vorgeheizten Ofen schieben, weiterbraten, bis alles schön braun ist. Topf zurück auf den Herd stellen. Marinade nach und nach zugeben, Pfeffer zugedeckt weiterschmoren. Immer wieder Marinade und Kalbsfond zugeben, damit das Fleisch stets fast bedeckt ist. Nach etwa einer Stunde ist das Fleisch gar (die Brust-stücke haben eine kürzere Garzeit) und kann aus dem Topf genommen werden. Sauce auf die gewünschte Konsis-tenz einkochen lassen, durch ein Tuch passieren, nochmals aufkochen, Blut einrühren, abschmecken mit Salz und Pfeffer, kurz kochen lassen (bei längerem Kochen kann das Blut ausflocken), Fleisch wieder zugeben.

Frisches Blut

Das frische Blut bindet die Sauce und gibt dem Gericht den typischen «Pfeffergeschmack». Die Sauce kann auch mit Mehlbutter (gleiche Menge Butter und Mehl verkneten) gebunden werden, die man krümelig zur Sauce gibt und kurz köcheln lässt.

Huhnpfeffer

Er kann im Kühlschrank einige Tage aufbewahrt werden. Aufgewärmt schmeckt er fast noch besser.

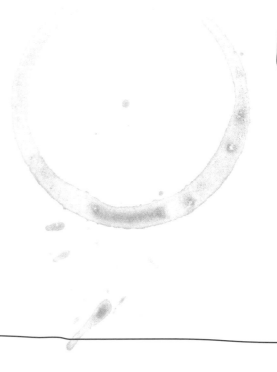

Hackbraten vom Huhn

700 g **rohes Suppenhuhnfleisch**

2 EL **Bratbutter**

1 **mittelgroße Zwiebel**, klein gewürfelt

1 **Knoblauchzehe**, klein gewürfelt

30 g **getrocknete Tomaten**, klein gewürfelt

2 Scheiben **Weißbrot ohne Rinde**, in Wasser eingeweicht

je 3 **Majoran- und Thymianzweiglein**, Blättchen abgezupft und fein gehackt

4 **Wacholderbeeren**, fein zerstoßen

1 **Ei**

1 dl / 100 ml **Rahm/Sahne**

Salz

Pfeffer aus der Mühle

100 g **Röstgemüse: Zwiebel, Karotte, Knollensellerie**, geschält, gewürfelt

2 dl / 200 ml **brauner Kalbsfond**, Seite 93

1 Fleisch durch den Fleischwolf stoßen.

2 Backofen auf 200 °C vorheizen.

3 Zwiebel und Knoblauch in der Butter andünsten, Tomaten zugeben und kurz mitdünsten, unter das Hackfleisch mischen. Weißbrot gut ausdrücken, zerpflücken und unter das Hackfleisch mischen. Kräuter, Gewürze, Ei und Rahm zugeben, gut kneten, abschmecken mit Salz und Pfeffer. Einen länglichen Laib formen. Auf ein eingefettetes Blech legen.

4 Hackbraten in der Mitte in den auf 200 °C vorgeheizten Ofen schieben, etwa 10 Minuten braten, bis er eine Kruste hat, Temperatur stufenweise auf 180 bis 160 °C zurückschalten, gleichzeitig Röstgemüse zugeben (gibt der Sauce mehr Aroma). Nach 50 Minuten ist der Hackbraten gar, herausnehmen und auf ein Gitter mit Blech-Untersatz legen, bei 60 °C warm stellen. Den Hackbraten vor dem Aufschneiden mindestens 10 Minuten ruhen lassen.

5 Das im Blech aufgefangene Fett und den Kalbsfond aufkochen, durch ein Tuch oder ein feines Haarsieb passieren, Sauce auf die gewünschte Konsistenz einkochen lassen, eventuell noch Kalbsfond nachgießen, mit Salz und Pfeffer abschmecken. ∽

Tipp

Hackbraten mit dem Kartoffelpüree (ohne grüne Erbsen und Meerrettich), Seite 99, servieren.

Hühnerfrikassee mit Apfel-Currysauce

1 **Suppenhuhn**

1 **große Zwiebel**, gewürfelt

100 g **Knollensellerie**,
geschält, gewürfelt

1 **Lauch** (100 g), in Scheiben

1 **Rosmarinzweiglein**

5 **Pfefferkörner**, zerdrückt

5 **Pimentkörner**, zerdrückt

10 **Korianderkörner**, zerdrückt

Sauce

10 g **Butter**

40 g **Lauch**, in feinen Scheiben

1 **Apfel**, geschält, geviertelt,
entkernt, gewürfelt

½ TL **Madras-Curry**

wenig **Ingwer**,
geschält, gerieben

½ dl / 50 ml **Weißwein**

½ l **Hühnerbrühe**, Seite 91

2 dl / 200ml **Rahm/Sahne**

1 EL **Selleriepüree**, Seite 98

½ dl / 50 ml **Rahm/Sahne**,
steif geschlagen

1 Suppenhuhn in einen großen Kochtopf geben, mit Wasser bedecken, leicht salzen, aufkochen, Schaum immer wieder abschöpfen. Gemüse und Gewürze zugeben, bei schwacher Hitze 90 Minuten köcheln lassen, bis das Fleisch gar ist (Gartest, Seite 27).
Huhn im Fond lauwarm abkühlen lassen. Aus dem Fond nehmen, Haut entfernen, Fleisch vom Knochen lösen und in Würfel schneiden, in eine Schüssel legen und mit wenig Fond bedecken, warm stellen.

2 ½ l Hühnerbrühe auf 1 dl/100 ml einkochen lassen.

3 Lauch und Apfelwürfelchen in der Butter andünsten, Curry und Ingwer mitdünsten, mit Weißwein ablösen, einkochen lassen, Hühnerbrühereduktion und Rahm zugeben, einige Minuten köcheln lassen, mit dem Selleriepüree binden, abschmecken mit Salz und Pfeffer. Zuletzt Schlagrahm unterziehen, kurz erhitzen.

4 Fleisch aus dem Fond nehmen, auf vorgewärmten Tellern anrichten, mit der Sauce überziehen.

Geschmortes Suppenhuhn mit Zimt und Pflaumen

1 EL **Bratbutter**

1 **Suppenhuhn**

1 **große Zwiebel**,
klein gewürfelt

3 dl / 300 ml **kräftiger Rotwein**

60 g **Dörrpflaumen**

½ **Zimtstange**

1 **Sternanis**

ca. 2 cm **Meerrettich**, geschält,
fein gerieben

2 dl / 200 ml **Hühnerbrühe**,
Seite 91

Salz

Pfeffer aus der Mühle

1 Huhn in die einzelnen Stücke teilen, Seite 22, mit Salz und Pfeffer würzen.

2 In einem Schmortopf die Bratbutter erhitzen, Fleischstücke von allen Seiten bei mittlerer Hitze anbraten, Zwiebel zugeben und braun rösten, immer wieder rühren. Mit Rotwein ablöschen. Dörrpflaumen, Zimt, Sternanis und Meerrettich zugeben, so viel Hühnerbrühe zugeben, dass alles knapp bedeckt ist, bei schwacher Hitze 1½ bis 2 Stunden köcheln lassen. Brustfleisch hat eine etwas kürzere Garzeit als Schenkelfleisch, dieses entsprechend früher aus dem Topf nehmen. Zimtstange, Sternanis und restliches Fleisch aus der Sauce nehmen. Sauce auf die gewünschte Konsistenz einkochen lassen. Alles Fleisch wieder zugeben und erwärmen, mit Salz und Pfeffer abschmecken.

Tipp
Als Beilage passen Kartoffelpüree, Risotto oder Teigwaren.

Hühnerleber auf buntem Gemüse

30 g **Butter**

300 g **Hühnerleber**

Salz

Pfeffer aus der Mühle

3 **Salbeiblätter**, fein geschnitten

Gemüse

40 g **Olivenöl**

100 g **Knollensellerie**

100 g **Karotten**

100 g **mehligkochende Kartoffeln**

100 g **Fenchel**

200 g **Zucchini**

1 Bund **Fenchelkraut**, Blättchen abgezupft

1 Sellerie, Karotten und Kartoffeln schälen, in Stäbchen schneiden. Zucchini ungeschält in Stäbchen, Fenchel in Ringe schneiden.

2 Olivenöl in einer Gusseisenpfanne oder im Wok erwärmen. Gemüse (ohne Zucchini) und Kartoffeln zugeben und bei mittlerer Hitze rührbraten, bis das Gemüse «al dente» ist. Zucchini und Fenchelkraut unterrühren, würzen, kurz weiterbraten.

3 Hühnerleber mit Salz, Pfeffer und Salbei würzen und in der heißen Butter kurz braten.

4 Gemüse auf vorgewärmte Teller verteilen, Hühnerleber darauflegen.

Hühnerbrust Stroganoff

20 g **Bratbutter**

50 g **Schalotten**, klein gewürfelt

1 **kleine Knoblauchzehe**,
klein gewürfelt

½ dl / 50 ml **Weißwein**

4 dl / 400 ml **brauner Kalbsfond**,
Seite 93

1 TL **Senf**, z. B. Maille
à l'Ancienne

50 g **kalte Butterstückchen**

1 **kleine Salatgurke** oder
Essiggurke, in feinen Streifen

1 **kleine gekochte Rande/
Rote Bete**, geschält,
in feinen Streifen

2 EL **Crème fraîche**

30 g **Bratbutter**

500 g **rohe Hühnerbrust**
(Zimmertemperatur),
ohne Haut,
in feinen Streifen

Salz

Paprikapulver

1 Für die Sauce Schalotten und Knoblauch in der Butter andünsten, mit Weißwein ablöschen und einkochen lassen, mit braunem Kalbsfond auffüllen und auf die Hälfte einkochen lassen. Senf unterrühren. Kurz vor dem Servieren kalte Butterstückchen in die heiße Sauce rühren. Randen- und Gurkenstreifchen in der Sauce erwärmen, Crème fraîche unterrühren.

2 Hühnerbruststreifen mit Salz und Paprika würzen. Eine weite Bratpfanne (für ein gutes Gelingen müssen die Fleischstücke nebeneinanderliegen) stark erhitzen, Butter und Fleisch gleichzeitig zugeben und 4 Minuten braten, zur Sauce geben, einige Minuten ziehen lassen, nicht mehr kochen, eventuell nachwürzen, sofort servieren. ✎

Tipp

Mit Reis, Risotto, Spätzle oder Schupfnudeln servieren.

Ragout von Suppenhuhn mit grüner Currysauce

1 **Suppenhuhn**
1 **große Zwiebel**, gewürfelt
100 g **Knollensellerie**, geschält, gewürfelt
1 **Lauch** (100 g), in Scheiben

Sauce

20 g **Butter**
50 g **Schalotten**, fein gewürfelt
20 g **Mehl**
½ dl / 50 ml **Weißwein**
½ l **Hühnerbrühe**, Seite 91
8 **Dörraprikosen**, halbiert
2 EL **Sherryessig**
1 EL grüne **Currypaste**, Seite 97
1 **Chilischote**, entkernt, in feinen Streifchen
1 dl / 100 ml **Kokosnussmilch**
½ Bund **Schnittlauch**

1 Dörraprikosen mit Sherryessig beträufeln.

2 Suppenhuhn in einen Kochtopf geben und mit Wasser bedecken, leicht salzen, aufkochen, Schaum immer wieder abschöpfen. Gemüse zugeben, bei schwacher Hitze 90 Minuten köcheln lassen, bis das Fleisch gar ist (Gartest, Seite 27). Huhn im Fond lauwarm abkühlen lassen. Aus dem Fond nehmen, Haut entfernen, Fleisch vom Knochen lösen und in etwa 40 g schwere Stücke schneiden.

3 Schalotten in der Butter andünsten, mit Mehl bestäuben und mit Weißwein ablöschen, glattrühren, mit Hühnerbrühe auffüllen, etwa 10 Minuten köcheln lassen, ab und zu rühren. Abgetropfte Aprikosen (ohne Sherryessig), Currypaste, Chili und Kokosnussmilch zugeben, die Sauce 1 bis 2 Minuten köcheln lassen. Hühnerfleisch zugeben, in der Sauce 2 bis 3 Minuten ziehen lassen, Schnittlauch unterrühren, mit Salz abschmecken.

Zum Rezept

Dieses Gericht ist schön scharf. Wer es milder mag, verzichtet auf die Chilischote. Die grüne Currypaste für sich ist schon ziemlich pikant.

Paella mit Suppenhuhn

2 EL **Olivenöl**

1 **Zwiebel**, klein gewürfelt

2 **Knoblauchzehen**,
klein gewürfelt

1 **Peperoni/Gemüsepaprika**

1 **kleiner Lauch**

50 g **grüne Bohnen**

2 **Tomaten**

300 g **spanischer Rundkornreis**
oder **Carnaroli**

1 Msp **Safranfäden**

1 l **Hühnerbrühe**, Seite 91

1 **gekochtes Suppenhuhn**,
Seiten 27 und 91

2 EL **Olivenöl**

8 **Riesenkrevetten mit Schale**,
halbiert

8 **Jakobsmuscheln**, ohne Schale

200 g **Kalamares**, in Streifen

3 EL **Olivenöl**

1 Bund **Schnittlauch**,
fein geschnitten

Salz

Pfeffer aus der Mühle

1 Peperoni halbieren, Stielansatz, Kerne und weiße Rippen entfernen, Schotenhälften in feine Streifen schneiden. Lauch in Scheiben schneiden. Bei den Bohnen Stielansatz abknipsen, Bohnen je nach Größe zerkleinern. Tomaten schälen: Seite 28, Stielansatz ausstechen, Gemüsefrüchte in Würfel schneiden.

2 Beim Suppenhuhn Haut entfernen, Fleisch vom Knochen lösen und zerkleinern (Seite 23).

3 Meeresfrüchte mit Salz und Pfeffer würzen, in einer weiten Bratpfanne im Olivenöl anbraten.

4 In einer flachen Bratpfanne Zwiebeln und Knoblauch im Olivenöl andünsten, Gemüse mitdünsten, Reis und Safranfäden zugeben, so viel heiße Hühnerbrühe zugeben, dass alles knapp mit Flüssigkeit bedeckt ist. Hühnerfleisch zugeben. Ab und zu rühren, 15 bis 20 Minuten köcheln lassen. Meeresfrüchte die letzten 5 Minuten mitkochen. Die Paella sollte nicht zu trocken sein, deshalb genügend Hühnerbrühe nachgießen. Vor dem Servieren restliches Olivenöl und Schnittlauch unterrühren.

Sautierte Hühnerleber mit Champignons

20 g **Butter**

500 g **Hühnerleber**

1 **Majoranzweiglein**, Blättchen abgezupft und fein gehackt

Salz

Pfeffer aus der Mühle

Sauce

10 g **Butter**

10 g **Schalotten**, fein gewürfelt

80 g **Champignons**, in Scheiben

½ dl / 50 ml **Weißwein**

1½ dl / 150 ml **Rahm/Sahne**

1½ dl / 150 ml **brauner Kalbsfond**, Seite 93

30 g **Butter**

2 reife **Fleischtomaten**

Salz

Pfeffer aus der Mühle

1 Hühnerleber von groben Adern säubern, in große Stücke schneiden.

2 Tomaten in kochendes Wasser tauchen, bis sich die Haut löst, unter kaltem Wasser abschrecken, Haut abziehen, Stielansatz ausstechen, Tomaten achteln, Kerne entfernen.

3 Für die Sauce Schalotten in der Butter andünsten, Pilze mitdünsten, Flüssigkeit verdunsten lassen, mit Weißwein ablöschen, einkochen lassen, Rahm zugeben, einige Minuten köcheln lassen, bis der Rahm leicht eingedickt ist. Kalbsfond zugeben, 5 Minuten köcheln lassen. Die kalte Butter stückchenweise unter die kochende Sauce rühren. Tomaten kurz mitkochen. Sauce mit Salz und Pfeffer würzen.

4 Hühnerleber mit Majoran, Salz und Pfeffer würzen. Butter in einer weiten Bratpfanne erhitzen, Leber zugeben, bei starker Hitze rund 2 Minuten braten, zur heißen Sauce geben, nicht mehr kochen. Sofort servieren.

Tipp

Mit Risotto, Nudeln oder Rösti servieren.

Hühnerfrikassee mit Pfirsich-Joghurt-Sauce

1 **gekochtes Suppenhuhn**,
Seiten 27 und 91

Sauce

10 g **Butter**

1 **kleine Knoblauchzehe**,
klein gehackt

1 **Schalotte**, klein gehackt

3 dl / 300 ml **Hühnerbrühe**,
Seite 91

2 **reife Pfirsiche**

Salz

Pfeffer aus der Mühle

1 Msp **Chilipulver**

1 Zweig **Estragon**, Blättchen
abgezupft und fein geschnitten

100 g **Naturjoghurt**

1 Suppenhuhn häuten, Fleisch vom Knochen lösen und in Stücke schneiden.

2 Für die Sauce Knoblauch und Schalotten in der Butter andünsten, Hühnerbrühe zugeben, Sauce 2 bis 3 Minuten köcheln lassen. Pfirsiche mit dem Sparschäler schälen und in Spalten schneiden, mit dem Fleisch zur Sauce geben, mit Salz, Pfeffer, Chili und Estragon würzen. Joghurt unterrühren, alles kurz erhitzen, nochmals abschmecken.

Zum Rezept

Das ist ein leichtes, erfrischendes Sommergericht. Sehr fein schmeckt es auch mit Mangos.

Tipp

Mit Reis oder Nudeln servieren.

... auf zu den Basics > > >

Basics

Hühnerbrühe

für 3 Liter Brühe

4 l **Wasser**

1 **rohes Suppenhuhn**

1 **Zwiebel**

1 **kleiner Lauch**, in Scheiben

1 **Karotte**, groß gewürfelt

5 **Pfefferkörner**, zerdrückt

5 **Wacholderbeeren**, zerdrückt

1 **Lorbeerblatt**

je 1 **Thymian-** und **Rosmarinzweiglein**

1 Zwiebel mit Schale halbieren und in einer Gusseisenpfanne rösten.

2 Das Huhn ins kochende Wasser geben und einige Minuten köcheln lassen, abschäumen. Gewürze und Gemüse zugeben, 1 bis 2 Stunden köcheln lassen.

3 Huhn und Gemüse aus dem Topf nehmen. Die Brühe durch ein mit einem Tuch (Küchentuch, Passiertuch) ausgelegtes Sieb passieren. Erkalten lassen. Fettschicht entfernen. Brühe frisch verwenden oder portionieren und tiefkühlen.

Geflügelconsommé

für ca. 2 Liter (10 Tassen)
Consommé

3 l **Geflügelbrühe**

2 **Suppenhühnerschenkel**,
abgelöstes Fleisch

100 g **Karotten**

100 g **Lauch**

50 g **Knollensellerie**

5 **Wacholderbeeren**, zerdrückt

5 **Pfefferkörner**, zerdrückt

3 **Pimentkörner**, zerdrückt

1 **Thymianzweig**

1 **Rosmarinzweig**,

4 **Eiweiß**

Salz

Pfeffer aus der Mühle

1 Karotten, Lauch und Knollensellerie schälen/putzen und zerkleinern, sehr fein schneiden oder das Gemüse durch den Fleischwolf stoßen, mit Kräutern, Gewürzen und Eiweiß mischen. Mindestens 1 Stunde in den Kühlschrank stellen.

2 Geflügelbrühe mit dem Fleisch-Gemüse-Mix aufkochen, öfter rühren, bei schwacher Hitze 4 Stunden köcheln lassen, mit Salz und Pfeffer abschmecken.

3 Consommé durch ein mit einem Tuch (Küchentuch, Passiertuch) ausgelegtes Sieb passieren. Erkalten lassen. Fettschicht entfernen.

Brauner Kalbsfond

für ca. 2 Liter Kalbfond

1–2 EL **Öl**

1 kg **Kalbsknochen**,
klein gehackt

1 **Kalbsschwanz**,
klein geschnitten

200 g **Kalbfleischreste**
(vom Ausbeinen)

200 g **Röstgemüse: Zwiebel,
Karotte, Knollensellerie,**
geschält/geputzt, gewürfelt

30 g **Tomatenpüree**

2 dl / 200 ml **Rotwein**

3 l **Wasser**

10 **Pfefferkörner**, zerdrückt

2 **Pimentkörner**, zerdrückt

1 **Thymianzweiglein**

1 **Rosmarinzweig**

1 Backofen auf 220 °C vorheizen.

2 Kalbsknochen, Kalbsschwanz und Kalbfleischreste mit dem Öl in einen Bräter geben und im vorgeheizten Ofen bei 220 °C dunkelbraun rösten, Gemüse mitrösten, Tomatenpüree unterrühren und 5 Minuten weiterrösten, mit Rotwein ablöschen, einkochen lassen. Bräterinhalt in einen Kochtopf geben, mit dem Wasser auffüllen, Gewürze und Kräuter zugeben, aufkochen, Fond bei schwacher Hitze 4 Minuten köcheln lassen, eventuell Wasser nachgießen.

3 Feste Teile mit dem Schaumlöffel aus dem Fond nehmen, Topfinhalt durch ein mit einem Tuch (Küchentuch, Passiertuch) ausgelegtes Sieb passieren. Erkalten lassen. Fettschicht entfernen. Fond portionieren und tiefkühlen.

Gemüsefond

für ca. 1 Liter

2 EL **Olivenöl**

100 g **Zwiebeln**, grob gehackt

1 **kleiner Lauch**, in Scheiben

100 g **Champignons**, in Scheiben

1 **kleiner Fenchel**, in Streifen

2 **Tomaten**, geviertelt

200 g **Gemüseabschnitte,**
z. B. Karotte, Knollensellerie,
Kohlrabi, Zucchino usw.,
geschält/geputzt, grob gewürfelt

2 l **Wasser**

je 1 Bund **Schnittlauch, Kerbel**
und **Basilikum**

je 1 Zweiglein **Thymian** und
Majoran

10 **schwarze Pfefferkörner**,
zerdrückt

10 **Korianderkörner**, zerdrückt

1 Gemüse inklusive Gemüseabschnitte im Olivenöl andünsten, ohne dass es Farbe annimmt. Mit dem Wasser auffüllen, aufkochen, Kräuter und Gewürze zugeben, Fond 30 Minuten köcheln lassen.

2 Durch ein mit einem Tuch (Küchentuch, Passiertuch) ausgelegtes Sieb passieren.

Haltbarkeit

Der Gemüsefond kann in einem geschlossenen Gefäß im Kühlschrank einige Tage aufbewahrt werden. Oder den Fond portionieren und tiefkühlen.

Verwendung

Für Suppen, Reis, Polenta, Gemüsebutter.

Tomatenbrot – Provenzalisches Brot

1 kg **Halbweißmehl**

22 g **Himalajasalz**

2 **Hefewürfel** (84 g)

½ l **warmes Wasser**

80 g **getrocknete Tomaten**, klein gewürfelt

5 g **Knoblauch**, fein gewürfelt

5 g **frische Rosmarinnadeln** und **Majoran**, fein gehackt

frische Lorbeerblätter, fein gehackt

1 Mehl und Salz in eine Teig-/Rührschüssel geben. Hefe im Wasser auflösen, zum Mehl geben, zu einem Teig zusammenfügen. Tomaten, Knoblauch und Kräuter zugeben, Teig rund 15 Minuten kneten. Teig in eine bemehlte Schüssel legen und diese mit einem feuchten Tuch zudecken, bei Zimmertemperatur (etwa 20 °C) gehen lassen, idealerweise während 24 Stunden.

2 Teig nochmals gut kneten und in 5 Portionen teilen, Brote formen. Gut mehlen und auf ein Blech legen, 1 Stunde ruhen lassen.

3 Backofen auf 210 °C vorheizen.

4 Tomatenbrote auf der zweituntersten Schiene in den auf 210 °C vorgeheizten Ofen schieben, 10 Minuten backen, Ofen auf 180 °C zurückschalten, Brote weitere 25 Minuten backen.

Flammkuchenteig

500 g **Halbweißmehl**	1 Mehl und Salz mischen. Hefe im warmen Wasser auf-lösen, mit dem Olivenöl zum Mehl geben, zu einem Teig zusammenfügen und etwa 15 Minuten in der Teig-maschine oder von Hand kneten.
15 g **Salz**	
15 g **Hefe**	
2 dl / 200 ml **warmes Wasser**	2 Teig in eine gemehlte Schüssel legen. Mit einem feuchten Tuch zudecken. Teig bei Zimmertemperatur (ca. 21 °C) 12 Stunden gehen lassen.
1 dl / 100 ml **Olivenöl**	

Tipp

Der Flammenkuchenteig kann gut zugedeckt im Kühl-schrank einige Tage gelagert werden.

Grüne Currypaste

4 **Frühlingszwiebeln**
4 **Korianderstängel**
1 **Zitronengrasstängel**
4 **Kaffirlimettenblätter**
ca. 3 cm frische **Ingwerwurzel**
8 **frische grüne Chilischoten**
1 EL **Olivenöl**

1 Frühlingszwiebeln, Koriander und Kaffirlimettenblätter klein schneiden. Chilischoten aufschneiden, Samen und weiße Rippen entfernen, Schotenhälften in Streifchen schneiden. Ingwer schälen und klein würfeln.

2 Alle Zutaten (ohne Öl) im Cutter zu einer feinen Paste verarbeiten, Olivenöl unterrühren.

Vorratshaltung

Die Paste kann im Kühlschrank einige Tage aufbewahrt oder portionsweise tiefgekühlt werden.

Selleriepüree

500 g **Knollensellerie**
1 **große Zwiebel**
Salzwasser

1 Sellerie und Zwiebel schälen, in grobe Würfel schneiden, im Salzwasser sehr weich kochen, rund 30 Minuten.

2 Sellerie und Zwiebeln fein pürieren oder durch das Passevite (feinste Scheibe) drehen. Püree in ein feines Baumwolltuch (ideal ist ein Passiertuch) füllen, zusammenbinden und aufhängen, damit die Flüssigkeit abtropfen kann. Nach ein paar Stunden hat man ein sehr festes, trockenes Selleriepüree, das sich vorzüglich zum Binden von Saucen und Suppen eignet.

Gemüsepüree, ein ideales Bindemittel

Dieses Gemüsepüree ersetzt Butter, Mehl und Stärke (Maisstärke, Kartoffelstärke usw.). Es kann auch aus Fenchel, Kohlrabi, Karotten, Spinat, dicken Bohnen und grüne Erbsen (nur frisches Gemüse verwenden) gekocht werden. Ein Püree aus grünem Gemüse muss schnell abgekühlt werden, am besten in Eiswasser, damit die frische grüne Farbe erhalten bleibt. Zartes Gemüse wie Spinat und Erbsen 10 Minuten nach den Zwiebeln ins Kochwasser geben, damit alles gleichzeitig gar wird. Das Gemüsepüree wird nur dann mehlig fein, wenn das Gemüse durch und durch weich ist.

Kartoffelpüree mit Erbsen und Meerrettich

400 g **mehligkochende Kartoffeln**
100 g **frische grüne Erbsen**
1 dl / 100 ml **Olivenöl**
Salz
3 cm **Meerrettich**, geschält, fein gerieben

1 Kartoffeln schälen, im Dampf weich garen, Erbsen 5 bis 7 Minuten mitgaren, noch warm durch das Passevite drehen.

2 Olivenöl unter das Kartoffel-Erbsen-Püree rühren, mit Salz abschmecken. Meerrettich unterrühren.

Tipp

Die Kartoffeln dürfen nicht zu stark abkühlen. Bei weniger als 65 °C verkleistert die Kartoffelstärke und man erhält einen zähen Brei. Für das Püree eignen sich stärkereiche Kartoffeln, wie Bintje, Ula, Désirée oder Nicola.

Kartoffelküchlein

500 g **mehligkochende Kartoffeln**
1 **Eigelb**
1 Msp **Salz**
1 Prise **Muskatnuss**
50 g **Butter**
½ Bund **Schnittlauch**, fein geschnitten
1 kleiner Bund **Kerbel**, fein geschnitten
Mehl oder **Kartoffelstärke**, zum Ausrollen

40 g **Butter**, zum Braten

1 Kartoffeln schälen und im Dampf weich garen, noch warm durch das Passevite drehen, in die Pfanne zurückgeben, Eigelb, Salz und Muskatnuss zugeben, erhitzen, Butter und Kräuter unterrühren. Aus der heißen Kartoffelmasse auf der schwach bemehlten Arbeitsfläche Rollen von 5 cm Durchmesser formen. Die Kartoffelrollen können bis zur Zubereitung einen Tag mit Folie zugedeckt im Kühlschrank aufbewahrt werden.

2 Kartoffelrollen in 15 mm dicke Scheiben schneiden. In der Butter bei mittlerer Hitze beidseitig goldbraun braten.

Tipp

Die Kartoffelküchlein passen gut zu gebratenem Fleisch ohne Sauce.

Kräutervinaigrette

für 4 dl / 400 ml Sauce

1 dl / 100 ml **Essig, z. B. Sherryessig, milder Kräuteressig**

2 Zweige **Basilikum**

½ Bund **Kerbel**

2 Zweige **Estragon**

½ Bund **Schnittlauch**

30 g **Schalotten**, fein gewürfelt

Salz

Pfeffer aus der Mühle

3 dl / 300 ml **kalt gepresstes Sonnenblumenöl**

1 Basilikum, Kerbel und Estragon von den Stielen zupfen und fein schneiden, Schnittlauch fein schneiden.

2 Kräuter und Schalotten mit dem Essig mischen, mit Salz und Pfeffer würzen, mit dem Öl aufrühren. Im Kühlschrank aufbewahren. Vor dem Gebrauch immer wieder aufrühren.

Variante

Das Sonnenblumenöl durch Olivenöl, Kürbiskernöl, Distelöl usw. ersetzen.

Verwendung

Für Salate, kaltes und warmes Gemüse, zu Terrinen.

Ableitungen

Gemüsevinaigrette Schalotten durch 80 g blanchierte Gemüsebrunoise ersetzen: Stangensellerie, Karotte, rote und grüne Peperoni/Gemüsepaprika. Die Vinaigrette passt zu Salat mit warmem Fisch oder Geflügel.

Tomatenvinaigrette 2 große Tomaten schälen, Seite 28, Stielansatz ausstechen, vierteln, Kerngehäuse entfernen, Tomatenfleisch in kleine Würfel schneiden. Verwendung: zu kaltem Spargel und Artischocken, für Fischsalat, Siedfleischsalat, Ochsenmaulsalat.

Bärlauchvinaigrette 50 g Spinat und 50 g Bärlauch blanchieren und pürieren, unter die Vinaigrette rühren. Die Vinaigrette passt zu Terrinen, grünem Spargel, Kalbskopf.

Mayonnaise

für ½ Liter Sauce

2 **Eigelbe**, Zimmertemperatur
1 TL **milder Senf**
1 EL **Wasser**
4 dl / 400 ml **kalt gepresstes Sonnenblumenöl**, Zimmertemperatur
1 EL **Weißweinessig**
Salz
Pfeffer aus der Mühle
evtl. **Zitronensaft**

1 Eigelbe, Senf und Wasser luftig aufschlagen, unter Rühren Öl langsam zugeben. Wenn die Sauce zu dick ist, wenig Essig unterrühren, mit Öl weiterfahren, restlichen Essig am Schluss unterrühren, mit Salz, Pfeffer und Zitronensaft würzen.

«Französische» Salatsauce Die dicke Mayonnaise mit Gemüsefond oder Consommé sämig rühren. Fein geschnittenen Schnittlauch unterrühren, mit Salz, Pfeffer und Essig abschmecken. Verwendung: für Blattsalate.

Remouladensauce Sardellenfilets, Kapern, Zwiebeln, Petersilie und Estragon fein hacken, unter die Mayonnaise rühren, pikant abschmecken. Verwendung: passt zu gebackenem Fisch und Gemüse.

Tatarsauce Gekochte Eier und Cornichons klein würfeln, Schnittlauch fein schneiden, alles unter die Mayonnaise rühren, pikant abschmecken. Verwendung: zu gebackenem Fisch und Gemüse.

Cocktailsauce Wenig fein geriebener Meerrettich, Saft von ½ Orange, 2 EL Sauerrahm und 2 EL Ketchup unter die Mayonnaise rühren, mit Tabascosauce, Salz und Pfeffer pikant abschmecken. Verwendung: zu kalten Fischgerichten und Krustentieren.

Hausgemachte Nudeln

für 15 Portionen

560–590 g **Hartweizendunst**

20 g **Salz**

4 **Eier**

2 EL **Olivenöl**

Weizengrieß, zum Ausrollen

Butter oder **Olivenöl**, zum Schwenken

1 Alle Zutaten zu einem Teig kneten. 1 Stunde zugedeckt ruhen lassen.

2 Den Nudelteig auf wenig Weizengrieß portionsweise dünn ausrollen. 15 cm lange Rechtecke schneiden und diese in Streifen schneiden. Nudeln bis zum Garen auf ein mit Weizengrieß bestreutes Blech legen und mit einem Tuch zudecken.

3 Nudeln in reichlich Salzwaser al dente kochen, in ein Sieb abgießen, in Butter oder Olivenöl schwenken.

Aufbewahren

Der Nudelteig kann in Alufolie eingewickelt im Kühlschrank einige Tage aufbewahrt werden.

Tomatenrisotto

für 4 Portionen als Beilage

1 EL **Olivenöl**

30 g **Schalotten**, klein gewürfelt

240 g **Rundkornreis**,
z. B. Vialone

½ dl / 50 ml **Weißwein**

½ l **Hühnerbrühe**, Seite 91

3 **große Fleischtomaten**

Salz

Pfeffer aus der Mühle

1 EL **Olivenöl**

Basilikum oder **Majoran** oder
Schnittlauch, nach Belieben
geriebener Sbrinz,
nach Belieben

1 Tomaten schälen und Stielansatz ausstechen, Tomaten vierteln, in Würfelchen schneiden.

2 Schalotten im Öl andünsten, Reis mitdünsten, mit Weißwein ablöschen und Hühnerbrühe auffüllen, Tomaten zugeben, Risotto unter ständigem Rühren bei schwachem Hitze etwa 15 Minuten köcheln lassen. Der Reis sollte noch körnig sein. Den Risotto mit Salz und Pfeffer würzen, Olivenöl unterrühren. Fein geschnittene Kräuter und Sbrinz unterrühren.

Aïolisauce

für ½ Liter Sauce

130 g **mehligkochende Kartoffeln**

60 g **Knoblauch**

5 g **Salz**

2 **Eigelbe**, Zimmertemperatur

3 dl / 300 ml **Olivenöl**, Zimmertemperatur

½ **Zitrone**, Saft

Salz

Pfeffer aus der Mühle

1 Kartoffeln schälen, und würfeln, im Dampf weich garen, durch das Passevite drehen, erkalten lassen.

2 Knoblauchzehen schälen, mit dem Salz im Mörser zu einer feinen Masse zerstoßen.

3 Kartoffelpüree, Knoblauch und Eigelbe verrühren, Olivenöl langsam unterrühren, mit Zitronensaft, Salz und Pfeffer abschmecken.

Verwendung

Die klassische Sauce zu Bouillabaisse, aber auch zu gegrilltem Fisch und im Dampf gegartem oder gebratenem Gemüse.

Register